AF356978

ARREST
DE LA COVR
DES MONNOYES,

Par lequel les Sols du païs de Suiſſe, & autres eſtrangers, ſont décriez de tout cours & miſe, ſur les peines y mentionnées.

Auec les empreintes & figures deſdits Sols eſtrangers.

A PARIS,

Chez SEBASTIEN CRAMOISY, Imprimeur ordinaire du Roy, & de la Cour des Monnoyes, aux Cicognes.

M. DC. LXIV.

Auec Priuilege de ſa Majeſté.

EXTRAIT DES
Regiſtres de la Cour
des Monnoyes.

CE iour ſur ce que le Procureur Ge-neral du Roy a remonſtré à la Cour, qu'il a eu aduis qu'au préiudice des Declarations de ſa Majeſté, Arreſts & Re-glemens de ladite Cour, on continuë d'expoſer dans le commerce, des

Sols des pays eſtrangers cy - deuant décriez ; & meſme que depuis peu de temps , des Billonneurs font venir du pays de Suiſſe & autres pays é-trangers , vne grande quantité de Sols, pour les expoſer dans le Royau-me, & pour cét effet les meſlent auec d'autres fa-briquez aux coins & ar-mes de ſa Majeſté , dont ils compoſent des ſacs de deux cens liures pour en faciliter l'expoſition : Ce qui pourroit apporter vn notable préiudice au commerce ; Requeroit pour sa Majesté y estre pourueu. Veu le Procés verbal de Maistre Iean Boizard, Conseiller en ladite Cour à ce commis, contenant les pesées faites desdits Sols, & les essais faits par les Essayeurs general des Monnoyes de France, & particulier de la Monnoye de Paris. La matiere mise en deliberation: La Covr faisant droit sur les Remonstrances dudit Procureur

General, a décrié & dé-
crie lesdits Sols estrangers
de tout cours & mise : A
fait & fait tres-expresses
inhibitions & deffenses à
toutes personnes de quel-
que qualité & condition
qu'elles soient, d'exposer
ni receuoir lesdits Sols du
pays de Suisse, & autres
pays estrangers, à peine
de confiscation d'iceux,
trois mil liures d'amende,
dont le tiers au dénoncia-
teur, & de plus grande
peine s'il y eschet. En-
ioint à ceux qui en ont ou

auront, de les porter aux Bureaux des Monnoyes & chez les Changeurs, dont la valeur leur sera renduë, suiuant les éualuations arrestées par ladite Cour. Fait pareillement deffenses conformément à l'Arrest du Conseil d'Estat de sa Majesté, du vingt-sept Fevrier mil six cens quarante-quatre, & Arrests de ladite Cour rendus en consequence, d'exposer ni receuoir des Sols de France, plus de la douzié-

me partie dans les paye-
mens qui excederont cin-
quante liures, à peine de
confiscation d'iceux, &
de mil liures d'amende,
dont le tiers au denon-
ciateur. Ordonne qu'à la
requeste dudit Procureur
General, il sera informé
contre ceux qui ont ex-
posé lesdits Sols estran-
gers & dispersé parmy le
peuple, pour estre pro-
cedé contre eux suiuant
la rigueur des Ordonnan-
ces ; Et que des Conseil-
lers de ladite Cour seront

députez

députez pour se transpor-
ter auec l'vn des Substi-
tuts dudit Procureur Ge-
neral, dans tous les Bu-
reaux des Receptes gene-
rales, & autres lieux où
besoin sera, pour estre
presens aux payemens
qui s'y feront, s'informer
quelles Especes s'expo-
sent, & de la maniere que
se font lesdits payemens,
dont sera dressé Procés
verbal, pour ce fait rap-
porté & communiqué
audit Procureur General
du Roy, estre ordonné ce

que de raison. Et à ce que personne n'en pretende cause d'ignorance, que le present Arrest sera leu, publié & affiché en cette ville & fauxbourgs de Paris, & enuoyé és Hostels des Monnoyes, Bailliages, Seneschaussées & Preuostez de ce Royaume, pour estre pareillement leu, publié, affiché & executé : Enioint aux Substituts du Procureur General, de tenir la main à l'execution du present Arrest, & d'en

certifier la Cour au mois.
FAIT en la Cour des Mon_
noyes, le vingt-quatriés-
me Septembre mil six
cens soixante-quatre. Si-
gné, HERARDIN.

ENSVIVENT LES EMPREINTES
des Sols décriez par le present Arrest.

L'an mil six cens soixante-quatre,
le Lundy dixiéme iour du mois de No-
uembre, l'Arrest de la Cour des Mon-
noyes cy-dessus a esté leu, publié à son
de trompe & cry public, aux Carre-
fours & autres lieux, tant ordinaires
qu'extraordinaires de cette Ville &
Fauxbourgs de Paris, en presence de
Maistre Louis Noblot Premier Huis-
sier, & Michel Rebours aussi Huis-

fier en ladite Cour des Monnoyes, souſſigneʒ, par Charles Canto Iuré Crieur en ladite Ville Preuoſté & Vicomté de Paris, accompagné de trois Trompettes, Hieroſme Tronſſon Iuré Trompette, Pierre du Bos Commis de Iean du Bos, & Iean de Beauuais Commis d'Eſtienne Chappé dit la Chapelle, Iureʒ Trompettes de ſa Majeſté eſdits lieux : comme auſſi a eſté ledit Arreſt affiché en tous les lieux accouſtumez de ladite Ville & Fauxbourgs de Paris, à ce qu'aucun n'en pretende cauſe d'ignorance. Signé, CANTO, NOBLOT, & REBOVRS.

Collationné à l'Original par moy Conſeiller du Roy, & Greffier en chef de la Cour des Monnoyes.